Die schönsten
Tiergeschichten

Illustriert von Ray Cresswell

Schwager & Steinlein

© Schwager & Steinlein Verlag GmbH
Emil-Hoffmann-Straße 1, D-50996 Köln
Geschichten von Erika Scheuering und Uwe Müller
Illustrationen von Ray Cresswell
Gesamtherstellung: Schwager & Steinlein Verlag GmbH
Alle Rechte vorbehalten

www.schwager-steinlein-verlag.de

Inhalt

Murmels erster Ausflug

Wie jeden Abend macht Ringo, der Hofhund, seine Runde auf dem Bauern-hof. Zuerst reckt er den Kopf in den Kuhstall und ruft: „Alles klar bei euch? Sind alle gut von der Weide heimgekommen?" – „Alles in Ordnung, Ringo!", brüllen die Kühe zurück. Dann trabt er weiter zum Hühnerstall. „Seid ihr wieder vollzählig zu Hause?", bellt er. Die Hühner plustern sich auf und gackern wild durcheinander: „Ja, ja! Wir sind alle da!"

Die nächste Station ist der Schafstall. Schon von weitem hört der Hund das aufgeregte Blöken. Da wird doch hoffentlich nichts passiert sein! Mit großen Sätzen springt er hinüber.

„Gut, dass du kommst, Ringo! Stell dir vor, Murmel ist verloren gegangen!", rufen ihm die Schafe aufgeregt zu. Ringo weiß sofort Bescheid. Murmel ist ein Lämmchen, das erst wenige Wochen alt ist. „Keine Sorge, ich finde es schon!" Damit jagt er zu der Wiese, auf der die Schafe gegrast haben. Dort schnuppert er gründlich. Er muss aus so vielen Schafspuren den Geruch von Murmel herausfinden – das ist selbst für ihn nicht einfach.

Schließlich saust Ringo in Richtung Wald. „Dieser leichtsinnige Kerl!",
brummt er. „Der ist doch tatsächlich in den Wald gerannt! Dabei hab ich ihn
schon hundertmal vor dem Fuchs gewarnt!" Mit der Nase am Boden läuft
Ringo zwischen den Bäumen umher. „Wo steckt er bloß?", knurrt er.
Da – plötzlich sieht er Murmel mitten auf einer Lichtung stehen! Das
Lämmchen zittert vor Angst. Denn zwischen den Bäumen kauert sprung-
bereit der Fuchs! Er leckt sich schon die Lippen. Er ist sicher, ein leckeres
Abendessen vor sich zu haben. Aber da hat er nicht mit Ringo gerechnet!
Laut bellend springt Ringo auf den Fuchs zu. Der duckt sich – und rennt
davon. Vor Ringo hat sogar er Angst! Zufrieden geht der Hund zu Murmel
und stupst ihn in die Seite. „Na, du Ausreißer, das ging ja gerade noch einmal gut! Aber jetzt nichts wie heim, deine Mutter macht sich große Sorgen!"
Murmel blökt jämmerlich. „Ich wollte wirklich nur mal kurz in den Wald
hineinschauen! Aber dann hab ich mich verirrt."
„Es ist ja nichts passiert", tröstet Ringo ihn. „Aber versprich mir, dass du
nicht wieder wegläufst!"
Murmel verspricht das ganz fest. Noch mal solche Angst möchte er nicht
erleben!

Großputz
im Waldsee

Was für ein schöner sonniger Tag! Die Fischotter spielen ausgelassen im
See. „Fang mich doch, Lorin!", ruft Lona. Wie ein Pfeil schießt sie durchs
Wasser, Lorin hinter ihr her. „Du kriegst mich ja doch nicht!"
Aber plötzlich – was ist geschehen?

Lona zappelt wild und kommt nicht mehr von der Stelle! „Was hast du denn?", fragt Lorin erschrocken. „Ich hänge fest!", schreit sie. Da sieht Lorin es auch: Lona hat sich in einem Netz so gründlich verhakt, dass sie nicht mehr freikommt. „So hilf mir doch!", jammert sie verzweifelt. Lorin zerrt an den Schnüren, aber er zieht die Stricke eher noch fester um Lona herum. „Allein schaffe ich das nicht!", ruft er. „Die Wasserratten und die Biber müssen uns helfen! Sie haben scharfe Zähne und können das Netz durchnagen!"

Lorin saust los und hat im Nu alle seine Freunde zusammengetrommelt. Mit vereinten Kräften zerbeißen sie die Fesseln und befreien Lona. Dann kriechen sie erschöpft ans Ufer. Lona sagt plötzlich: „Woher kommt nur der ganze Mist, der da seit einiger Zeit im See liegt? Früher gab es hier nur Seerosen und andere Wasserpflanzen!"

„Irgendwer wirft dieses Zeug in unseren See. Aber wir Tiere sind es nicht!", überlegt Lorin.

„Es sind die Menschen", erklärt ein alter Biber. „Ich habe sie beobachtet: Sie kommen her, werfen etwas ins Wasser und gehen dann einfach wieder weg."

„Wir sollten etwas unternehmen", meint Lorin. „Es macht doch keinen Spaß mehr, hier zu spielen! Ständig muss man aufpassen, dass man sich nicht verletzt oder irgendwo hängen bleibt, so wie Lona eben."

„Gute Idee! Wir räumen auf! Wir rufen alle zusammen und schleppen den ganzen Plunder ans Ufer! Wenn die Menschen das Zeug dort liegen sehen, werden sie es ja wohl wegbringen. Oder meint ihr, dass sie es einfach wieder ins Wasser zurückwerfen?"

Das kann sich nun wirklich niemand vorstellen. Schnell werden die anderen Tiere verständigt.

Gemeinsam machen sie sich an die Arbeit, sogar die Karpfen und die Forellen, die Frösche, Kröten und Ringelnattern helfen mit.

Sie zerren ein Stück nach dem anderen aus dem Wasser: ein altes Fahrrad, Autoreifen, eine verrostete Schreibmaschine, leere Plastiksäcke, Konservendosen, Schuhe mit Löchern in den Sohlen, einen Spielzeugbagger und vieles mehr. Ein riesiger Müllberg wächst am Ufer.

„Jetzt wollen wir doch hoffen, dass die Menschen diesen Haufen wirklich wegschaffen. Sonst war die ganze Schufterei vergebens!", seufzt Lona.

„Das tun sie bestimmt!", ruft Lorin. „Sie wollen doch beim Spazierengehen nicht diesen Müll hier liegen sehen!" Was meinst du, behält Lorin wohl Recht?

Zwei übermütige Ponys

Heiko und Juri sind zwei Ponys. Jeden Morgen werden sie vom Bauern auf die Koppel gebracht, damit sie dort grasen und herumtollen können.

Heiko aber findet es auf der Koppel langweilig. „Einmal komm ich hier raus!", sagt er immer wieder zu Juri. „Du wirst schon sehen, einmal finde ich ein Loch im Zaun!"

Und tatsächlich – eines Tages liegt eine Latte des Zauns auf dem Boden, und der Bauer bemerkt es nicht. „Schnell, Juri! Komm mit!", wiehert Heiko. Das lässt sich Juri nicht zweimal sagen. Ausgelassen galoppiert er mit Heiko davon.

Ihr erstes Ziel ist der Obstgarten. Dort sind gerade die Äpfel reif und die mögen die beiden gar zu gern. Krachend zerbeißen sie einen Apfel nach dem anderen, dass ihnen der Saft aus den Mäulern tropft. Plötzlich hören sie in der Ferne den Bauern rufen: „Ho, ihr verflixten Viecher! Wollt ihr wohl meine Äpfel in Frieden lassen?" Da springen die beiden fort.

Auf dem Feldweg kommt ihnen eine Herde Kühe entgegen. Bärli, der schwarze Hütehund, führt die Tiere auf die Weide.

Als plötzlich die Ponys heranstieben, erschrickt die Leitkuh Liesl so sehr, dass sie den Schwanz kerzengerade in die Höhe stellt und laut muhend davonrennt. Natürlich rasen die übrigen Kühe sofort hinter ihr her. Bärli bellt, so laut er nur kann: „Ihr dummen Kühe, kommt zurück! Das sind doch nur Juri und Heiko!"

Es nützt nichts. Von den Kühen ist bald nur noch eine Staubwolke zu sehen.

Bärli ärgert sich. „Da habt ihr mir ja was Schönes eingebrockt!", blafft er Heiko und Juri an. „Jetzt hab ich den ganzen Vormittag zu tun, bis ich die Kühe wiederfinde!" Wütend macht er sich auf die Suche.

Heiko kichert. Was für ein toller Spaß! „Komm, Juri, lass uns noch ein paar Äpfel naschen. Dann können wir ja zurück auf die Koppel gehen und uns richtig ausruhen."

Fila,
der listige Frosch

Versteckt im Tal liegt ein runder Teich. Dort wohnt der Frosch Fila mit seinen Freunden. Es ist sehr ruhig und friedlich an Filas Teich. Wenn nur Eduard, der Storch, nicht wäre! Der ist nämlich nicht ruhig und friedlich. Er kommt immer dann, wenn er Hunger hat, und will Frösche fressen! Fila und seine Freunde beschließen, etwas gegen Eduard zu unternehmen. Aber was können Frösche und Kröten, Eidechsen und Fische, Mäuse und Gelbrandkäfer gegen einen Storch ausrichten?

Fila denkt sich etwas aus und erklärt es den anderen: „Ich lege mich einfach auf ein Seerosenblatt mitten im Teich und dann …" Die Tiere tuscheln und kichern. Plötzlich verschwinden alle. Was haben sie nur vor?

Als Eduard am nächsten Tag am Ufer landet, sitzt Fila wie abgemacht auf einem Seerosenblatt. Er hält den Atem an. Auch alle anderen Tiere halten den Atem an. Der Storch steigt ins Wasser, sieht sich um und watet auf seinen staksigen Beinen auf Fila zu. Husch! Die Frösche, Kröten und Eidechsen, die Gelbrandkäfer und die kleinen Fische verstecken sich im Nu. Auch die Mäuse an der Uferböschung sausen in ihre Löcher. Nur Fila nicht. Aber sein Herz schlägt ihm bis zum Hals!

Eduard stakst weiter durch das Wasser. Fila zuckt. Seine Beine wollen einfach wegspringen. Wenn er Zähne hätte, dann würden sie bestimmt vor Angst klappern! Der Storch macht wieder einen Schritt vorwärts. Und noch einen! Überall lugen Tiere aus dem Schilf hervor. Wird der Plan gelingen? Wenn nicht – armer Fila!

Schon klappt Eduard den großen Schnabel auf. Gleich hat er den Frosch! Doch da geht er plötzlich unter! Das Wasser spritzt auf, Eduard flattert und strampelt! Endlich findet er wieder Boden unter den Füßen. Wie ein gebadetes Huhn sieht er aus! Beschämt fliegt er davon.

Jetzt kommen die Tiere aus ihren Verstecken hervor und lachen und lachen.
Die Frösche klopfen Fila auf die Schulter. „Hurra!", quaken sie ausgelassen.
„Fila, das war die beste Idee, die du je hattest! Einfach super!"
Fila meint nur: „War doch nichts Besonderes. Ihr habt schließlich alle mit-
gemacht!" Der Siebenschläfer steckt seinen Kopf aus dem Bau und gähnt.
„Was haben alle mitgemacht?", fragt er. Er hat natürlich alles verschlafen!
Fila kichert. „Wir haben einfach ein Loch in den Teichgrund gegraben.
Genau vor meinem Seerosenblatt. Und in dieses Loch ist Eduard hinein-
getreten und untergegangen."
„Bravo!", rufen die Frösche noch einmal und heben Fila auf ihre Schultern.
„In nächster Zeit haben wir Ruhe!"

Wie sieht denn Moritz aus!

Heute dürfen die drei Hermelinkinder Max, Marie und Moritz zum ersten Mal auf der Wiese spielen. Neugierig schlüpfen sie aus dem Bau und wollen gleich loslaufen. Doch da bleiben Max und Marie wie angewurzelt stehen. Wie sieht denn bloß dieser Moritz aus! Er hat ja gar kein braunes Fell wie seine Geschwister! Nein, seines ist so weiß wie frisch gefallener Schnee! „Vielleicht ist er überhaupt kein echtes Hermelin!", ruft Max ganz entsetzt. „Ich gehe jedenfalls nicht mit ihm auf die Spielwiese! Da muss ich mich ja schämen!"

Max und Marie lassen den Bruder einfach stehen und laufen davon. Moritz rollen dicke Tränen über die Backen. Er versteht seine Geschwister einfach nicht. Kann er denn etwas dafür, dass er so weiß ist?

Plötzlich stupst ihn eine Haselmaus in die Seite. „Sei nicht traurig", tröstet sie ihn. „Wenn du willst, kannst du mit mir und meinen Freunden spielen. Uns stört deine Farbe bestimmt nicht!"

Moritz ist einverstanden.

Er freundet sich mit der Haselmaus an, mit dem Maulwurf, den Feldhasen und sogar den Lerchen. Max und Marie aber spielen nur mit Hermelinfreunden, die genauso aussehen wie sie selbst.

So vergeht der Sommer. Moritz tappt gerade durch den ersten Schnee, als ihm Max und Marie entgegenkommen. Aber was ist los! Sie sind weiß wie er! Nur die Schwanzspitzen sind dunkel geblieben.

„Was ist denn mit euch passiert?", fragt Moritz verblüfft.

„Wir haben unseren Winterpelz bekommen", murmelt Max verlegen, und Marie seufzt: „Alle Hermeline werden im Winter weiß. Wir haben das bloß nicht gewusst."

Moritz kichert. „Gut seht ihr aus!", gluckst er. Und dann muss er so lachen, dass er sich verschluckt. „Bist du uns denn gar nicht böse?", fragt Marie.

„Warum denn?", fragt Moritz. „Lasst uns zusammen spielen! Wenigstens solange ihr weiß seid!"

„Nicht nur jetzt – immer! Im Sommer und im Winter! Es kann ja niemand etwas dafür, wie er aussieht!", rufen Max und Marie da eilig.

„So ist es." Moritz lacht schon wieder. „Ihr habt nur ein bisschen länger gebraucht, bis ihr das verstanden habt!"

Tinchen und Theo

Theo, der alte Kater, streift durch den Garten. Das ist sein Revier, hier kennt er jeden Grashalm und natürlich auch alle Tiere, die hier wohnen. Als er durch die dichte Hecke pirscht, stutzt er plötzlich. Wer weint denn so?

Es ist Tinchen, das Igelkind.

„Hallo, Tinchen", schnurrt der Kater. „Was ist denn los mit dir? Kann ich dir irgendwie helfen?"

„Ja! Ich hab solchen Hunger!", schluchzt das kleine Igelmädchen.

„Meine Mama wollte nur schnell was zu essen suchen, aber sie kommt einfach nicht zurück!"

„Das ist aber seltsam", brummt Theo besorgt. Er kennt die Igelmutter gut und weiß, dass sie ihr Kind nicht lange allein lässt. Da muss etwas passiert sein!

Plötzlich pfeift jemand oben in den Zweigen des Kirschbaums. Da sitzt Pepe, das Gartenrotschwänzchen. „Ich glaube, sie ist überfahren worden!", ruft es dem Kater zu. „Auf der Straße vor dem Haus liegt ein toter Igel!"

Da weint Tinchen noch mehr.

„Armes Tinchen!", sagt Pepe traurig zu Theo. „Sie ist noch zu klein, um für sich allein zu sorgen!"

Der Kater nickt nachdenklich. Dann sagt er: „Weißt du was, Tinchen? Du kannst bei mir mitessen."

Tinchen schnieft: „Ich mag keine Mäuse!" Aber Theo beruhigt sie: „Keine Sorge, Kleine! Ich fange keine Mäuse mehr. Dazu bin ich viel zu alt. Meine Menschen füttern mich immer mit gekochtem Fleisch und Gemüse. Das schmeckt dir bestimmt auch." Er führt das Igelkind zu seinem Futternapf, der gerade frisch gefüllt worden ist und verführerisch duftet. Tinchen macht sich heißhungrig darüber her. Als sie das Schüsselchen leer geleckt hat, schaut sie Theo ganz erschrocken an. „Jetzt hast du ja gar nichts mehr", murmelt sie.

„Das macht doch nichts", erklärt der Kater. „Ich kriege immer mehr, als ich brauche."

„Du hast es gut", seufzt Tinchen da sehnsüchtig.

„Ich hab eine Idee", sagt Theo plötzlich. „Du bleibst einfach bei mir, bis du alt genug bist, um dir selbst etwas zu essen zu suchen. Gut?" Das Igelmädchen strahlt und nickt. „Au ja!", ruft es, und ehe Theo sich's versieht, hat ihn Tinchen auf die Nase geküsst. Und hat ihn dabei nicht einmal gestochen!

Das Findelkind

Mutter Ente geht mit ihren beiden Kindern Leo und Lilly auf der Wiese spazieren. Hoppla, da wäre sie doch beinahe über ein großes Ei gestolpert!

Sie hören ein lautes Knirschen. „Seht nur! Das Ei hat einen Sprung! Da will bestimmt gerade ein Tier ausschlüpfen!", ruft Leo ganz aufgeregt.

Dann knirscht das Ei wieder und schließlich bricht die Schale entzwei. Ein struppiges braunes Küken kriecht erschöpft heraus und ruft: „Wiwiwi! Wiwiwi!"

„Es sucht seine Mutter!", quakt die Ente mitleidig. „Wo mag sie nur sein?
Sie kann doch ihr Kind nicht so allein hier auf der Wiese lassen!"

Auf wackeligen Beinen watschelt das Küken auf Mutter Ente zu. „Wiwiwi!
Wiwiwi!", piepst es immer wieder.

Leo stupst Lilly in die Seite. „Sieht komisch aus, das Kleine, findest du nicht
auch?", meint er. Lilly nickt. „Jedenfalls ist es keine Ente und kein Schwan.
Vielleicht ist es ein Hühnerhabicht!"

Mutter Ente schimpft: „Redet keinen Unsinn, seht euch seinen Schnabel an! Das ist ein Gänsejunge! Bringen wir ihn zu unseren Gänsen auf den Bauernhof!"

Sofort macht sie sich auf den Weg. Das Gänschen wackelt hinter ihr her und ruft ständig: „Wiwiwi!"

„Ich hoffe, es lernt bald richtig zu reden", meint Leo. „Immer nur wiwiwi! Ich versteh kein Wort!"

Auf dem Bauernhof wollen die Enten das Küken bei den Gänsen abliefern. Aber das Gänschen will nicht dort bleiben! Kaum geht Mutter Ente weg, watschelt es mit lautem Geschrei hinter ihr her. Nach dem dritten Versuch gibt Mutter Ente auf. „Also, wenn du nicht zu den Gänsen willst, dann bleibst du eben bei uns", erklärt sie. „Was sagt ihr dazu, Leo und Lilly? Ihr habt ab heute ein Gänsebrüderchen!"

„Prima", rufen die Enten gleichzeitig. Da sagt das Gänschen laut und deutlich ebenfalls: „Prima!"

„Du kannst ja doch reden!", freut sich Leo, und Lilly schlägt vor: „Du sollst Willy heißen! Und jetzt gehen wir schwimmen. Gut?" – „Gut, gut, gut!", schnattert Willy. Dann ziehen sie vergnügt zum Teich. Vorne Mutter Ente, dann Lilly, Willy und zum Schluss Leo.

Das Loch im Himmel

An einem sonnigen Herbsttag stehen die Rehe Finny und Fanny auf der Waldwiese und äsen. Alles ist still und friedlich. Doch ganz plötzlich springt Fanny vor Schreck mit allen vier Beinen gleichzeitig in die Luft. „Hilfe! Finny, sieh nur!", ruft sie entsetzt. „Die Sonne ist weg! Sie ist in ein Loch gefallen!" Tatsächlich! Mit einem Mal herrscht graue Dämmerung auf der Waldwiese. Wo vorher die Sonne stand, ist ein Loch im Himmel! Nur ein paar Strahlen sind noch zu sehen.

Finny schreit, so laut sie nur kann. „Ein Unglück! Die Sonne ist in ein Loch gefallen!"

Da kommen auch schon von überall her die Tiere angehetzt. „Die Sonne ist fort!", quietschen die Hasen. „Was machen wir jetzt bloß? Wir werden erfrieren!" Das Wildschwein grunzt aufgeregt: „Oder verhungern! Ohne Sonne kann nichts wachsen!" Alle stehen wie angewurzelt da und starren ratlos in das runde Himmelsloch. Die Vögel hören auf zu singen, die Bienen und Hummeln summen nicht mehr, es wird totenstill. Alle sind wie gelähmt vor Schreck.

Doch was ist das? Ein lautes Scharren und Schmatzen erklingt aus dem Unterholz.

Finny flüstert: „Das ist Brommel, der Dachs. Wie kann er nur so einen Lärm machen, gerade jetzt!" Schmatzend kommt er auf die Waldwiese. Er nascht genießerisch an ein paar zarten Grashalmen. Finny sagt bekümmert: „Ja, merkst du denn gar nichts, Brommel? Die Sonne ist in ein Loch gefallen!" Aber Brommel knurrt nur: „Red doch keinen solchen Quatsch." Fanny stampft wütend mit dem Huf auf. „Schau hin, du alter Brummbär! Dort oben ist es, das Loch!"

„Das ist kein Loch, das ist der Mond", schnaubt Brommel unfreundlich zurück. Da kommt er den Tieren gerade recht. „Der Mond!", spotten sie. „Habt ihr das gehört, der Mond soll das sein! Am helllichten Tag!" Sie schreien immer lauter.

Der Dachs sagt nur: „Die Eule hat es mir erklärt, und die weiß alles. Der Mond stellt sich vor die Sonne und verdunkelt sie. Eine Sonnenfinsternis nennt man das, jawohl. Gleich wird es wieder hell werden."

So plötzlich, wie sie gekommen ist, ist die Dunkelheit vorbei. Die Tiere hören auf zu schreien und schauen zum Himmel. Das runde schwarze Loch ist ein Stück zur Seite gerückt, und dahinter schaut die Sonne hervor! „Sie kommt wirklich zurück!", staunt Fanny. Und Finny murmelt: „Der alte Brommel hatte wirklich Recht. Der Mond hat die Sonne nur kurz zugedeckt." Die Tiere schämen sich, weil sie den Dachs ausgelacht haben, aber noch mehr freuen sie sich, dass die Sonne wieder da ist!

Der Ausreißer

In der Scheune des großen Geflügelhofes liegt die Hündin Bella mit ihren Welpen und schläft. Nur der neugierige Felix will nicht schlafen. Er stöbert in der Scheune herum und schnuppert in allen Ecken. Als Felix an das große Tor kommt, merkt er, dass es ausnahmsweise einen Spalt offen steht. Husch – schon ist er draußen auf dem Hof. Und Bella hat es nicht bemerkt! Felix staunt. Ist das ein Betrieb hier! Der Hof wimmelt von Hühnern, Gänsen, Enten und Truthühnern.

„Hallo, ihr alle!", bellt der kleine Hund begeistert. „Wollt ihr mit mir spielen?" Er springt hinter ein paar Hühnern her, aber die gackern bloß und laufen davon.

Da saust er zu den Enten. „Was fällt dir ein?", quaken die empört. „Lass uns in Ruhe!" Auch die Gänse plustern sich auf. „Komm uns bloß nicht zu nahe!", fauchen sie.

Felix merkt vor lauter Aufregung gar nicht, dass er die Tiere erschreckt. Er springt mitten unter die Gänse.

„Gleich hab ich euch!", bellt er. Doch auweh! – da versetzt ihm eine Gans
mit dem Schnabel einen Hieb. Felix hockt sich vor Schreck auf den Boden.
„Aua, pass doch auf!", ruft er. „Das tut weh!"
Die Gans reckt ihren langen Hals und zischt: „Was fällt dir ein, hier alles

durcheinander zu bringen? Der Geflügelhof ist kein Spielplatz für verrückte Hundebabys!"

Da kommen auch noch die Truthähne auf ihn zu und kollern gefährlich. Was werden die erst mit ihm machen, wenn schon die Gänse so gemein sind!

Felix will schnell zurück in die Scheune. Aber wohin er auch rennt, überall sind entweder Küken oder Hennen oder Enten oder gar die Gänse und Truthähne! Zum Glück schaut da seine Mutter aus der Scheunentür und bellt laut. Sofort ist Ruhe auf dem Hof. Felix flitzt zu ihr hin. „Was hast du denn angestellt? Sieh nur, sie haben alle Angst vor dir!", tadelt ihn Bella. „Ich wollte doch bloß spielen!", schluchzt Felix. „Sie sahen so lustig aus, aber sie sind böse!"

Bella tröstet ihn: „Sie sind nicht böse. Aber sie kennen dich noch nicht, deshalb sind sie so erschrocken. Sie müssen sich erst an dich gewöhnen. Und jetzt komm rein, du Ausreißer!" Felix ist heilfroh, dass seine Mutter nicht mehr schimpft. Schnell schlüpft er in die Scheune und ist im Nu eingeschlafen.

Donna lernt fliegen

Andi, Donna und Emil heißen die Amselkinder, die gut versteckt in der Gartenhecke in ihrem Nest sitzen. Ihre Eltern fliegen den ganzen Tag hin und her und versorgen die drei mit Regenwürmern, Schnecken und Käfern. Trotzdem – die Vögelchen sind einfach nie satt!

Besonders Donna ist unzufrieden. „Ich hätte wirklich Lust, mir selbst etwas zu essen zu suchen", schimpft sie. „Mami und Papi brauchen ja immer eine Ewigkeit!"

„Da müsstest du aber fliegen!", flüstert Emil und äugt ängstlich aus dem Nest. „Traust du dich das?" Donna plustert sich auf. „Das kann doch nicht so schwer sein!", piepst sie, hüpft auf den Nestrand und flattert los. Hoppla – schon landet sie auf dem Rasen, genau vor ihrem Vater. Dem bleibt vor Staunen der Schnabel offen stehen. „Was machst du denn hier?", ruft er. „Ich suche mir was zu essen!", antwortet Donna frech.

Plötzlich piepst Andi, so laut er nur kann: „Passt auf, die Katze! Kommt schnell ins Nest!" Donna erschrickt. Sie schlägt mit den Flügeln und will wegfliegen, aber es gelingt ihr nicht. „Hilfe!", schreit sie. „Papi, ich komm nicht hoch!" Vater Amsel überlegt nicht lange. Er flattert der Katze genau vor die Nase. Die stutzt und duckt sich. „Was willst du?", faucht sie. „Glaubst du, du kannst mich verjagen?" Sie schlägt mit der Tatze nach ihm.

Aber der Amselvater lässt sich nicht erwischen! Immer wieder schwirrt er vor der Katze herum und zwitschert dabei ganz laut und schrill. Die Katze fällt auf seine List herein, sie verfolgt ihn voller Wut. Er kann sie so weit von Donna weglocken, dass sie das Amselkind vergisst. Donna hockt immer noch zitternd im Gras, als ihr Vater zu ihr zurückkehrt. „Ich komm nie mehr hoch!", schluchzt sie. „Ich bin zu schwer! Die Katze wird mich fangen!" „Unsinn", beruhigt sie Vater Amsel. „Ich zeig dir jetzt in aller Ruhe, wie man vom Boden hochfliegt. Wenn man den Trick kennt, ist es ganz einfach."

Kurz darauf landet Donna tatsächlich auf dem Nestrand. Andi und Emil klatschen Beifall.

„Morgen", keucht Donna aufgeregt, „müsst ihr es auch probieren! Ehrlich – es ist gar nicht schwer!"

Der rote Ball

Die drei Hasenbrüder toben auf der Waldwiese herum. Plötzlich ruft Hugo:
„Schaut mal, dort drüben bei dem Fingerhut liegt so was Rotes! Wollen wir
nachsehen, was das ist?"

„Na klar", sagt Heinz. Nur Heini ist etwas ängstlich: „Wenn es ein Unge-
heuer ist?"

„Ach was, es wird uns schon nicht fressen", meint Hugo. So hoppeln die
drei Hasen hinüber zu dem Fingerhut und gucken vorsichtig unter die
Blätter.

„Ein Ball!", ruft Heinz, „hurra, jetzt können wir Fußball spielen!"
Sie schubsen den Ball hin und her, und wenn er zwischen die
zwei kleinen Kiefern fliegt, schreien sie „Tooor!!"

Da kommt auf einmal Wilhelm, das Wildschwein, aus dem Dickicht getrabt. „Darf ich auch mal?" Und schon nimmt er Anlauf, senkt den Kopf und schießt den Ball weit in den Wald hinein. Er ist nicht mehr zu sehen. Die Hasen schimpfen.

„Entschuldigung", murmelt Wilhelm zerknirscht, „ich such ihn ja schon."

Die Tiere suchen den ganzen Wald ab, aber der Ball ist nicht zu finden.
Endlich sehen sie ihn. Er schwimmt im Waldsee! So weit hat ihn das Wildschwein geschossen. „Da sitzt doch was Grünes drauf", meint Hugo. Es ist
der Frosch Florian. „Hallo, Hoppelmänner, hallo, Schwarzkittel", quakt er
übermütig, „super, so eine Seefahrt!"
„Das ist unser Ball", rufen die Hasen. Aber Florian denkt nicht daran, ans
Ufer zu rudern. Es ist so lustig, auf dem Wasser zu schaukeln. Und außerdem genießt er es, sich von der ganzen Froschfamilie auf dem tollen roten
Gummiboot bewundern zu lassen.

Mit einem Mal kommt ein Wind auf. Auf dem See bilden sich Wellen und der Ball wirbelt herum. Florian springt platsch! ins Wasser, der Ball treibt dem Ufer zu und bleibt an einem Ast hängen. Fffft! macht es, und die Luft ist draußen. Der Ball hat ein Loch.

Die Hasen springen herbei. „Oje, der schaut ja aus wie eine Suppenschüssel", stellt Heini fest. „Aus der Traum vom Fußballspielen." – „Und daran bin nur ich schuld", grunzt Wilhelm leise. „Ach, mach dir nichts draus", sagt Hugo, „wir wären sowieso nie Weltmeister geworden."

Im selben Moment hüpft eine Bachstelze auf den Ast.

„Wisst ihr, ob dieses rote Ding zu haben ist?", zwitschert sie. „Da hinein könnte ich ein feines Nest bauen. Mein altes hat gestern der Sturm zerstört."

„Na klar", sagt Heinz, und Hugo lacht: „Und bedanken dafür kannst du dich bei unserem Wilhelm, dem Fußballstar!"

Die Henne Marie
feiert Geburtstag

„Hurra! Ich hab Geburtstag heut!", gackert die Henne Marie von der Hühnerleiter herunter.

„Ja, woher weißt du denn das?", wundert sich Trudi, die Taube.

„Weil der Apfelbaum auch so schön geblüht hat, als ich aus dem Ei geschlüpft bin."

„Das leuchtet ein", sagt Hanno, der Hahn, und kräht: „Kikeriki! Geburtstag hat Marie!"

Da kommen sie alle angelaufen und wollen gratulieren. Das Huhn und die Gans, die Ente und die kleinen gelben Küken. Sie bringen feine Körner und Brotbröckchen in ihren Schnäbeln mit. Der Hahn legt der Geburtstagshenne einen fetten Regenwurm zu Füßen, und von Ferdinand, dem stolzen Pfau, bekommt sie eine schillernde Schwanzfeder geschenkt.

Das kleine Schweinchen Rosi hat eine ganz besondere Idee: „Ich schenke dir viel Glück, weil ich ein Glücksschweinchen bin, und ich tanze dir etwas vor, weil ich so toll tanzen kann." Rosi fängt zu tanzen an, und das sieht so komisch aus, dass alle fürchterlich lachen müssen.

Sogar das Pony Penny wiehert vor Vergnügen. „Was wünschst du dir denn von mir zum Geburtstag?", fragt es. „Ich möchte mit dir in die Welt hinausreiten", gackert die Henne übermütig. „Nichts leichter als das", meint das Pony, „komm, setz dich auf meinen Rücken."

„Wir wollen auch mit!", zwitschern die Meisen und fliegen vom Dach. Da kräht der Hahn: „Kikeriki, das will auch i!", und flattert auf das Pony. Das ist eine lustige Gesellschaft!

Pony Penny trabt auf die Wiese hinaus und ein Stückchen durch den Wald. Die Henne gackert voller Freude und die Meisen pfeifen das bekannte Vogelgeburtstagslied: „Piep, piep, piep, wir haben dich so lieb …"

„So, jetzt reicht es", schnaubt das Pony und läuft zurück in den Hof. Da brummt auf einmal eine dicke Hummel um seinen Kopf. Das Pferdchen erschrickt, macht einen Satz, die Vögel fliegen auf das Dach, der Hahn und die Henne flattern aufgeregt in die Höhe und landen … auf dem Misthaufen. O weh!

„Du kannst heute unmöglich Geburtstag haben, Marie", gurrt Trudi, die Taube, „denn an so einem Glückstag fällt man nicht in den Mist."

„Vielleicht war's ja der Pflaumenbaum, der geblüht hat, als ich aus dem Ei gekrochen bin", lacht die Henne. Und das Schweinchen Rosi quiekt: „Dann feiern wir deinen Geburtstag noch einmal, wenn der Pflaumenbaum blüht, und ich lerne inzwischen den Bauchtanz."

Erich Eichhörnchen rettet Mucki Maus

Früh am Morgen spitzen Micki und Mucki, die beiden Waldmäuse, aus ihrem Mauseloch. „Am Himmel steht eine riesige schwarze Wolke", piepst Mucki, „hoffentlich regnet es nicht." Aber Micki schnuppert: „Mmh, was duftet denn da so köstlich?"

„Das ist der große Birkenpilz am anderen Bachufer", sagt Mucki, „den hab ich schon gestern entdeckt." – „Na, dann nichts wie los!"

Die Mäuschen flitzen über den Ast, der über den Bach führt.

Die Schnecke Emilie ist auch schon da und lässt sich den feinen Pilz schmecken. „Guten Morgen", lächelt sie, „darf ich euch zum Frühstück einladen?"

„Ja, gern", erwidern Mucki und Micki.

Nach einer Weile geht ein Rauschen durch den Wald, der Wind fegt durch die Bäume, und es beginnt zu regnen, immer heftiger, und schließlich gießt es wie aus Kübeln. Die Mäuschen ducken sich unter den Pilzhut. „Brr, wie ungemütlich!" – „Ich würde euch ja gern in mein Haus bitten", sagt Emilie freundlich, „aber es ist ein bisschen zu klein."

„Sehr liebenswürdig", meint Mucki, „doch seht nur, es hat aufgehört zu regnen." Die schwarze Wolke ist weitergezogen.

„Tschüs, Emilie", und schon sind die Mäuse unterwegs nach Hause. Aber o weh! Aus dem Bach ist ein Fluss geworden! Jedenfalls für Mäuschen. Und von dem Ast ist auch nichts mehr zu sehen. „Was machen wir jetzt?", ängstigt sich Mucki. „Schwimmen!", schreit Micki und springt ins Wasser. „Micki! Micki!", brüllt Mucki, doch der hört nicht. Er strampelt und paddelt und erreicht tatsächlich das andere Ufer. „Mucki, komm rüber!", ruft er, aber Mucki heult: „Nein, ich kann doch nicht so gut schwimmen."

Erich Eichhörnchen kommt herbeigesprungen. „Weine nicht, Mucki, ich helfe dir. Steig auf meinen Rücken und halt dich fest." Die Maus krabbelt auf Erich, und schon springt er über den Bach. Doch Mucki hat sich nicht fest genug gehalten, rutscht herunter und fällt plumps! ins Wasser. „Hilfe! Ich ertrinke!"

„Keine Angst!", ruft Erich, hängt seinen Schwanz in den Bach und zieht Mucki heraus.

„Danke, Erich", stammeln die nassen Mäuse, als sie sich von ihrem Schreck erholt haben, „das nächste Mal retten wir dich."

„Abgemacht", grinst das Eichhörnchen und verschwindet in einem Haselnussstrauch.

Nicki,
das bockige Zicklein

An so einem schönen Tag sind alle Tiere auf der Weide. „Komm her, Nicki",
sagt Conny, das Kälbchen, „hier ist der Löwenzahn besonders zart."
„Ich mach, was ich will", meckert das Zicklein Nicki und klettert auf einen
Steinhaufen. „Hier oben ist es viel lustiger, ihr dummen Grasmampfer!"
„Sei nicht so frech und komm sofort runter!", ruft Mutter Ziege.

Aber Nicki denkt nicht daran, denn sie hat etwas Interessantes entdeckt.

In der Hecke hinter den Steinen ist ein Loch! Sie springt hinunter, schlüpft

durch und – steht mitten im Gemüsebeet! „Salat! Lecker! Es sieht ja keiner."

Da hat sich Nicki aber getäuscht. „Wauwau!" Wie der Blitz saust Astor aus

seiner Hütte. „Verschwinde! Sonst kannst du was erleben!"

Schnell zurück durch die Hecke! Aber o weh! Nicki bleibt mit ihrem Hals-

band darin hängen, und wie sie auch zerrt, sie kommt nicht los. „Mama!

Mama!"

Mutter Ziege befreit ihr Zicklein und schimpft: „Eigentlich sollte ich dich

zappeln lassen, denn hier hast du überhaupt nichts zu suchen."

Nun kommt das Kälbchen Conny angesprungen. „Da bist du ja, Nicki, komm, wir wollen zusammen spielen."

„Ich will nicht", bockt das Zicklein und stampft mit dem Huf auf.

„Ach, Nickilein", redet ihr Conny gut zu, „sei doch nicht so ein Trotzkopf."

„Spielen könnt ihr morgen, Kinder", meint die Kuh.

„Jetzt ist es an der Zeit, in den Stall zu gehen."

„Ich geh nicht mit", widerspricht Nicki, „ich schlafe auf der Wiese."

„Das kommt überhaupt nicht in Frage", sagt Mutter Ziege.

„Aber warum denn nicht?", brummt die Kuh. „Ihr wird das Übernachten schon vergehen, vielleicht hat sie dann genug davon."

„Ach, ja", seufzt die Ziege, „schön wär's!"

Nicki bleibt allein zurück. Wie dunkel es auf einmal geworden ist, und wie kühl der Nachtwind weht! Wer hat denn da geknurrt? Nicki hat plötzlich Angst. „Wauwau! Schau, dass du heimkommst, du eigensinniger Fratz", bellt Astor.

„Mama!", schreit das Zicklein und rennt zum
Stall. Es schleicht durch den Türspalt und kuschelt
sich zitternd an die Mutter. „Ich bin so froh, dass ich wieder bei
dir bin." – „Ich auch", sagt Mutter Ziege und lächelt erleichtert.
„Ich will auch nicht mehr bockig sein", murmelt Nicki, schon halb im
Schlaf.

Von Tipsi und Tapsi und der vornehmen Putzi

Die zwei Hundekinder Tipsi und Tapsi jagen ums Haus. Sie spielen Fangen, und das macht einen Riesenspaß! „Gleich hab ich dich!", bellt Tapsi. „Nie im Leben!", japst Tipsi außer Atem. Da hat ihn sein Bruder schon eingeholt, und sie balgen sich im Gras herum.

„Wie kann man sich nur so schmutzig machen", sagt da plötzlich jemand. Die Hunde hören auf mit ihrer Balgerei und sehen zu ihrem großen Erstaunen ein unbekanntes weißes Tier neben der Sonnenblume stehen. „Ja, wer bist denn du?", fragt Tapsi. „Bist du ein weißes Wolkenschaf oder eine Schlagsahneziege?"

„Pah! Ein feiner Pudel bin ich, und mein Name ist Putzi", erwidert das fremde Tier etwas beleidigt, „mein Frauchen ist heute hier zu Besuch."

In den Kirschbaum ist ein Schwarm Sperlinge eingeflogen. Ein besonders frecher Spatz schaut neugierig herunter. „Kannst du auch fliegen, Putzi?"

„So ein Unsinn", regt sich Putzi auf, „ein Pudel ist ein vornehmer Hund, du Spaßvogel."

„Na prima", freut sich Tipsi, „wenn du ein Hund bist, dann kannst du ja auch mit uns spielen."

„Nein", entgegnet das Pudelmädchen, „ich muss üben. Weil ich später
mal zum Zirkus gehen will. Schaut her!" Sie stellt sich auf die Hinterbeine,
dreht sich im Kreis, dann springt sie graziös über das breite Blumenbeet,
und nun hüpft sie so hoch, dass sie beinahe die Zweige des Kirschbaums
berührt.

„Bravo!", zwitschern die Spatzen. Den Hundekindern ist die Hopserei zu albern. „Ich verstecke mich jetzt, und du suchst mich", sagt Tapsi zu Tipsi und rennt davon. Tipsi schließt die Augen, zählt bis hundert und ruft: „Ich komme!"

Wo hat sich Tapsi nur versteckt? Tipsi ruft und sucht und kann ihn nicht finden. Auf einmal hört er ein Jaulen und Kratzen. Das kommt aus dem Gartenhaus!

Tipsi rast hin. Die Tür ist geschlossen. „Tapsi bist du da drin?" – „Ja! Die Tür ist hinter mir zugefallen, hol mich raus!" Aber auch Tipsi kann die Türklinke nicht erreichen. Ein paar Spatzen wollen helfen und setzen sich auf den Drücker. Doch sie sind ja so federleicht!

Da kommt Putzi angetänzelt. „Pah!", macht sie verächtlich, springt in die Höhe, drückt die Klinke herunter, und die Tür geht auf. Tapsi saust heraus. „Danke, liebe Putzi, dass du mich befreit hast."

„Für eine Zirkuskünstlerin eine Kleinigkeit", meint vornehm das Pudel-mädchen und trägt das Näschen noch einmal so hoch.

Willi Wildschwein macht alles falsch

In der Nacht hat der Sturm die hohen Eichen so heftig geschüttelt, dass fast alle Eicheln zur Erde gefallen sind. Das ist natürlich ein Festessen für Walli und Willi, die beiden Wildschweinkinder. „Du frisst mir alle großen Eicheln weg", regt sich Walli auf, „und außerdem trampelst du mir dauernd vor den Füßen rum."

„Und du meckerst den ganzen Tag mit mir", grunzt Willi. „Nichts kann ich dir recht machen, du alter Besen!"

„Ohh!" Walli schnappt nach Luft. „Na warte …" Aber Willi rast schon durch das Dickicht davon, denn mit seiner großen Schwester ist manchmal nicht zu spaßen. „Ich suche mir jemanden zum Spielen", denkt Willi, „und Hunger hab ich jetzt auch nicht mehr."

Da sieht er drüben auf dem Abenteuerspielplatz Tinchen Kaninchen ganz allein auf der Wippe sitzen. „Hallo, Tinchen, ich komme!", ruft Willi, rennt hinüber und springt mit einem Satz auf die Wippe. Oje, das arme Kaninchen! In hohem Bogen fliegt es ins Heidelbeerkraut. „Es tut mir Leid", grunzt Willi zerknirscht, „ich glaube, ich bin ein klein bisschen zu schwer für dich."

„Ein Tollpatsch bist du!", schimpft Tinchen. „Hau bloß ab!"

Verdrossen trabt Willi wieder in den Wald hinein und stößt ärgerlich einen alten Stiefel zur Seite, der im Gras liegt. „Hilfe!", piepst es aus dem Schuh, und ganz verschreckt kriecht die Familie Waldmaus heraus. „Ach, du warst das", meint Vater Waldmaus erleichtert. „Wir dachten schon, es sei ein Erdbeben." Willi entschuldigt sich vielmals. „Ich mache heute alles falsch", brummt er.

„So, so, du machst heute alles falsch." Aus dem Farn kommen Franz und Fritz, die listigen Fuchsbrüder, geschlichen. „Lauf mit uns um die Wette", grinst Fritz, „dabei kannst du nichts falsch machen." Willi Wildschwein ist einverstanden, und die drei rennen los.

Dann aber springt Franz links in den Wald und Fritz rechts hinein. „Hierher, Willi!" – „Nein, daher!" Jetzt weiß Willi überhaupt nicht mehr, wohin er laufen soll. Und nun stolpert er auch noch über einen Baumstumpf. „Ich kann nicht mehr!", jammert das kleine Wildschwein. Im selben Moment raschelt es im Gebüsch, und Walli steht neben ihm.

„Komm nach Hause", sagt sie, „ich hab dir auch die größten Eicheln aufgehoben."

„Schön von dir", grunzt Willi, „du bist wirklich meine allerliebste Schwester!"

Die Jagd
nach dem Schmetterling

Minni, die kleine Katze, liegt in der Sonne und putzt ihr Fell. Da kommt ein bunter Falter angeflogen und setzt sich auf eine weiße Margerite. „Oh, so ein schöner Schmetterling!", ruft Minni. „Den muss ich fangen."

„Na, wenn dir das gelingt, dann will ich Rumpelstilzchen heißen", knurrt Prinz, der Schäferhund.

Minni springt auf und der Falter gaukelt davon. „Warte doch", schreit Minni, „ich will mit dir spielen!"

„Dann fang mich halt", lacht der Schmetterling und fliegt dicht an Minnis Nase vorbei. Das Kätzchen hebt die Pfoten, aber der Falter ist längst hoch in der Luft. „Ich lass mich nicht von dir foppen, du … du komischer Vogel!"

„Ich bin kein komischer Vogel", kichert der Schmetterling im Fliederbusch.

„Ich heiße Pfauenauge."

„Minni, gib's auf", murmelt der schwarze Kater Kuno. „Ich hab's auch

schon mal probiert."

Jetzt kommen die Enten und die Gänse angewatschelt.

„Was ist los? Was ist los?", wollen sie wissen.

„Die dämliche Katze will einen Schmetterling fangen, das ist los", brummt

der Schäferhund.

„Kikeriki, das schafft sie nie!", kräht Hanno, der Hahn, vom Scheunendach.

Aber Minni gibt nicht auf.

Nun flattert der Falter zur Blumenwiese und lässt sich auf einem Löwenzahn nieder. Minni schleicht durch das hohe Gras. Jetzt! Jetzt hat sie ihn! Aber nein. Da gibt es ja auf einmal so viele Schmetterlinge! Blaue, gelbe, weiße und bunte. Das Pfauenauge kann sie darunter nicht entdecken.

Der Hase Hans kommt angehoppelt. „Hallo, Minni!"

„Keine Zeit", faucht die Katze. Da, was war das? Minni spitzt die Ohren.

Das Stimmchen kommt aus dem Kirschbaum: „Sehr geehrtes Fräulein Miezekatze, hier oben bin ich!"

Blitzschnell klettert Minni den Stamm hinauf. Dort oben! Auf einem Blüten-
zweig schaukelt der Schmetterling. Schnell springt die Katze von Ast zu
Ast. Der Falter fliegt lachend davon. „Mist!" Minni könnte platzen vor Wut.
Dann schaut sie nach unten. O weh! Tief unter ihr sitzt der Hase.
„Los, spring!", ruft er. Aber Minni traut sich nicht. Ihr Zorn ist verflogen.
Sie könnte heulen. „Du kannst nicht ewig da oben sitzen bleiben", überlegt
der Hase. „Warte, ich hole Hilfe."

Nach kurzer Zeit kehrt er zurück. Mit ihm kommen der Hund, der Kater, die Enten und die Gänse. „Na, du Heldin", knurrt Prinz und stellt sich unter den Baum. Auf ihn springt der Hase, auf den Hasen der Kater, und auf den Kater fliegt die Ente Else. „Kikeriki, jetzt komm i!", kräht Hanno, der Hahn, und flattert noch oben drauf. So holen die Tiere die kleine Minni vom Baum. Wie froh ist sie, als sie wieder unten auf der Erde ist! Sie dankt ihren Freunden für ihre Hilfe, und der schwarze Kater Kuno grinst: „Fang mich, Minni, ich bin ein Schmetterling!", und saust davon.

Liesl Wiesels gefährliches Abenteuer

„So einen langen und kalten Winter hatten wir noch nie", stellt Bruno Bunt-
specht fest. „Und der viele Schnee", klagt Ernst Eichelhäher, „man findet
ja fast kein Futter mehr." – „Euer Jammern hilft gar nichts", krächzt Käthe
Krähe vom Acker herüber. „Und übrigens spüre ich es in meiner linken
kleinen Kralle, dass es bald tauen wird."

Die Krähe behält Recht. In der Nacht setzt Tauwetter ein, und am anderen Morgen strahlt die Sonne. „Es wird Frühling", zwitschern die Kohlmeisen, „es wird Frühling!"

„Was ist denn das für ein Lärm?" Ganz verschlafen blinzelt Maxi Dachs aus seinem Bau. „Komm raus, du Schlafmütze!", ruft Liesl Wiesel von der Fichte herunter und springt auf den unteren Ast. Da fällt der ganze Schnee vom Zweig und alles auf Maxis Nase! Der Dachs prustet und schimpft, und die anderen Tiere lachen ihn aus. „Pst, still", sagt Liesl Wiesel plötzlich, „hört ihr nichts?" Alle lauschen. Ja, da ist ein Murmeln und Plätschern ganz in der Nähe. „Das ist der Bach", weiß Ernst Eichelhäher, „das Eis taut auf." „Das muss ich sehen", murmelt das Wiesel und huscht davon.

In der Mitte des Baches fließt das Wasser rasch dahin, aber an den Uferrändern ist noch Eis. Aus lauter Übermut springt Liesl Wiesel auf die vereiste Fläche. Ein Knirschen, ein Krachen, das Stück Eis bricht ab, und dem Wiesel vergeht Hören und Sehen! Die Scholle dreht sich im Kreis und treibt den Bach hinunter! Liesl Wiesel ist furchtbar erschrocken und schreit um Hilfe. „Pass auf, dort vorn kommt ein Wasserfall", rufen zwei Wildenten, die vorüberfliegen, „spring ins Wasser!" – „Aber das ist doch eiskalt", heult Liesl verzweifelt.

Der Bach wird immer breiter, und der Wasserfall kommt näher und näher.

Ob das gut geht? Im selben Augenblick schießt Falco, der Wanderfalke, wie ein Blitz von der hohen Kiefer herab, packt Liesl vorsichtig mit seinen Fängen und trägt sie ans rettende Ufer. „Oh, danke, Falco, das war allerhöchste Eisenbahn", schnauft Liesl.

So schnell ist Liesl Wiesel noch nie nach Hause gerannt! Sie kommt am Bau von Maxi Dachs vorbei. Ihm haben die Vögel schon von Liesls Abenteuer erzählt.

„Ich bin ja so froh, dass dir nichts passiert ist", sagt er.

Die Schneedusche hat er längst vergessen!

Kiki will was Tolles erleben

Fünf winzige gelbe Küken sind schon aus ihren Eiern geschlüpft. Jetzt hat es auch Kiki, das sechste Hühnchen, geschafft und hüpft aus der Eischale. „Ich seh nichts, ich seh nichts!", piepst es und rennt tollpatschig hin und her. „Hihihi", kichern die Geschwister, „du kannst ja gar nichts sehen mit deiner weißen Mütze!"

Auf Kikis Kopf, vor den Augen klebt nämlich noch ein Stückchen Schale, das Mutter Henne vorsichtig herunterpickt. „Wie ist es schön auf der Welt!", freut sich das Hühnchen. „Ich möchte gleich was Tolles erleben!"

„Das hat Zeit", murrt Mutter Henne.

„Kikeriki, niedlich sind sie!", kräht Papa Hahn, als die Küken hinter der
Mutter über den Hof trippeln. Sie haben sich bei den anderen Tieren vor-
gestellt und sind jetzt ein bisschen müde. „Ich mag nicht mehr laufen",
mault Kiki. Da kommt Ferdinand, der Pfau vorbeistolziert und schleift
seine prächtigen Schwanzfedern hinter sich her. Schnell springt Kiki darauf.
„Liebster Ferdi, trägst du mich heim?"

„Mich auch, mich auch!", piepsen die Geschwister. Der Pfau bringt die
Kleinen in den Hühnerstall, und die Henne sagt: „Jetzt hast du was Tolles
erlebt, Kiki." – „Nicht toll genug", lacht das Küken.

Eines Morgens ertönt aus der großen Tanne ein aufgeregtes Geschrei. „Ich bin bestohlen worden", krächzt Elli Elster, „mein roter Edelstein ist weg!" Die Hühnchen sind von dem Gezeter erschrocken und flüchten unter Mutters Gefieder. Nur Kiki hat keine Angst. Sie rennt hin zur Tanne und piepst hinauf zum Elsternnest: „Ich hab ihn nicht!" – „Das weiß ich, du knallgelber Winzling", schimpft die Elster. Auf einmal stößt Kiki an etwas Hartes. Es ist eine rote Glasscherbe. „Elli, da liegt dein Edelstein!" Der Vogel kommt heruntergeflogen. „Oh, danke, er ist also aus meinem Nest gefallen."

Ich möchte dir auch eine Freude machen", sagt die Elster. „Hast du vielleicht einen Wunsch?" – „Naja, ich will so gern was ganz Tolles erleben", piepst das Hühnchen. „Dann hüpf auf meinen Rücken und krall dich fest. Ich zeige dir die Welt von oben." Kiki tut, was der Vogel gesagt hat, und sie fliegen hinauf ins Nest. Kiki schaut hinunter. „Wo ist denn meine Mama?", fragt sie ängstlich. „Ich will zu meiner Mama." Die Elster bringt Kiki zur Erde zurück. Schnell kriecht sie unter Mutters Federkleid. „Nun, wie war das tolle Abenteuer?", schmunzelt die Henne. „Schöhön", piepst das Hühnchen zitternd. „Aber bei dir ist es am tollsten, Mama."

Der letzte Maulwurf

Moro, der Maulwurf, ist entsetzlich einsam. Es gibt einfach keine Maulwürfe mehr dort, wo Moro wohnt.

„Wo können sie bloß alle hingegangen sein?", fragt er die Hasenfrau. Der sind Maulwürfe ziemlich egal. Sie mümmelt an einem Kleeblatt und murmelt mit vollem Mund: „Vielleicht sind sie in den Wald gezogen."

Also macht sich Moro auf den Weg in den Wald. Eine Weile irrt er zwischen den Bäumen umher, dann sieht er einen Habicht auf einem Ast sitzen. „He, du da oben! Weißt du, ob hier Maulwürfe wohnen?", ruft Moro.

„Ich hab schon ewig keinen Maulwurf mehr gefressen – äh, gesehen", antwortet der Habicht. Moro macht vor Schreck einen Satz rückwärts. Da hat er ja gerade den Richtigen gefragt! Er saust davon, so schnell ihn seine kurzen Beine tragen.

Völlig außer Atem landet Moro in einem Gemüsegarten. „Puh!", staunt er.

„Das ist ja ein wunderbarer Platz für Maulwürfe!" Doch da taucht zwischen

den Kohlköpfen eine riesige Katze auf. Wie der Blitz rennt Moro davon.

Katzen sind nichts für Maulwürfe, genau wie Habichte.

Moro wandert weiter und durchquert ein großes Rübenfeld. Eine Rübe neben der anderen, soweit das Auge reicht! Moro läuft und läuft, aber das Feld will kein Ende nehmen. Als der Mond aufgeht, wird Moro müde und kuschelt sich an eine Rübe. Sein letzter Gedanke vor dem Einschlafen ist: „Bestimmt bin ich der letzte Maulwurf auf der ganzen Welt." Das macht ihn so traurig, dass er sogar im Schlaf weinen muss.

Am nächsten Morgen macht sich Moro wieder auf den Weg. Nach einiger Zeit kommt er endlich ans Ende des Rübenfeldes.

Vor ihm liegt eine Wiese, und darauf – ein Maulwurfshügel neben dem anderen!

„Das gibt's doch nicht!", ruft Moro. „Da bin ich ja im Maulwurfparadies gelandet!" Da kommen auch schon die anderen Maulwürfe heran und begrüßen ihn. Schüchtern fragt er: „Darf ich vielleicht bei euch bleiben?"

103

„Aber natürlich darfst du das!", rufen die Maulwürfe, und dann feiern sie ein fröhliches Willkommensfest. Moro ist glücklich. Endlich hat er wieder Freunde gefunden!

Retter in der Not

War das ein Gewitter in der Nacht! Und was für ein Platzregen! Alles ist überschwemmt, und der kleine Bach ist zu einem richtigen Fluss geworden. Sogar den Holzsteg zum anderen Ufer hat es weggerissen!

Beo, der zottige Hofhund, steht am Ufer des Flusses und betrachtet die Reste des zertrümmerten Steges. Neben ihm läuft die Katze Clarissa unruhig hin und her. „Beo, ich muss hinüber!", ruft sie ganz verzweifelt. „Du weißt doch, ich habe meine drei Babys drüben in dem Dickicht versteckt! Sie schreien bestimmt vor Hunger!"

Aber Beo schüttelt den Kopf. „Das geht nicht. Der Fluss ist viel zu wild, du würdest ertrinken! Ich werde für dich gehen", sagt er. „Und was soll das nützen?", maunzt Clarissa ihn an. „Willst du etwa meine Kinder säugen!" Beo seufzt und verdreht die Augen. Diese Clarissa! „Ich werde deine Kleinen herüberbringen", erklärt er. „Warte hier und mach keinen Unsinn! Ich bin gleich wieder da." Platsch – schon ist Beo ins Wasser gesprungen und paddelt mit kräftigen Stößen ans andere Ufer. Für so einen starken Hund wie ihn ist das kein Problem. Kaum ist er aus dem Wasser herausgeklettert, hört er auch schon die Katzenkinder jämmerlich schreien. Sie müssen wirklich mächtigen Hunger haben!

Die drei Kätzchen drängen sich ängstlich aneinander, als sie Beo sehen, aber der beruhigt sie schnell. Dann nimmt er ganz sanft ein Kätzchen ins Maul und schwimmt mit ihm über den Fluss.

Clarissa läuft immer noch vor Aufregung hin und her und jammert laut. Ihr Geschrei hat zwei Schafe und die gescheckte Leitkuh angelockt, aber auch die können sie nicht beruhigen. Erst als ihr Beo das dritte Kätzchen vor die Füße legt, hört sie auf zu jammern und sagt: „Beo – ich danke dir. Das werde ich dir nie vergessen!" Dann leckt sie das nasse Fell ihrer Kinder trocken und lässt sie trinken. Gierig saugen die Kätzchen und schnurren vor Freude, dass sie die Mutter wiederhaben.

Beo sieht ihnen eine Weile zu, dann trottet er zufrieden davon. Vielleicht gibt es ja noch jemanden auf dem Bauernhof, der nach dem Unwetter seine Hilfe braucht?

Otto
auf der Flucht

Zwei Tage und zwei Nächte ist der Dachs Otto jetzt schon gelaufen, hat kaum geschlafen oder gefressen. Nun ist er zum Umfallen müde. Was war geschehen? An dem Waldsee, an dessen Ufer sich Otto seinen Bau gegraben hatte, waren plötzlich riesige Maschinen aufgetaucht. Sie fingen an, Bäume zu fällen und die Erde aufzureißen. Die Luft war erfüllt von Lärm und Gestank. Als eine Maschine die Erde über Ottos Bau wegschob, war der Dachs Hals über Kopf geflohen.

Jetzt aber kann er nicht mehr weiter und verkriecht sich unter einem Busch.

„Ich muss mir einen Bau graben", denkt er bekümmert, „und Vorräte für den Winter sammeln. Aber ich bin so entsetzlich müde!"

„He, wer bist du? Ich hab dich hier noch nie gesehen!", ruft da eine freche Stimme in den Zweigen über ihm. Der Dachs faucht und fletscht die Zähne. Aber es ist nur ein Eichhörnchen, das da neugierig zu ihm herunterschaut. „Entschuldige, ich wollte dich nicht erschrecken. Ich bin übrigens Paulino", quasselt das Tierchen weiter. „Und jetzt red schon – was gibt's?"

Otto erzählt ihm seine Geschichte. Als er fertig ist, macht Paulino ein ernstes Gesicht. „Wir müssen sofort etwas unternehmen", sagt er, „sonst wirst du im Winter verhungern oder erfrieren." Er überlegt kurz, dann ruft er: „Ich hab's! Warte hier, ich bin gleich zurück!"

Wie ein Wirbelwind springt Paulino von Ast zu Ast. Vor der Höhle der alten Eule macht er Halt. Er ist ganz schön aus der Puste! „Frau Eule!", ruft er dann und späht in den dunklen Eingang. „Sind Sie daheim?"

„Natürlich! Wo sollte ich sonst um diese Tageszeit sein?", knurrt eine raue Stimme zurück. Paulino zieht den Kopf ein. Die hat vielleicht eine Laune! Aber er lässt sich nicht entmutigen und erzählt die Geschichte von Ottos Vertreibung.

Die Eule kommt verschlafen ans Tageslicht, klappt ein Auge auf und brummt: „Hinten an der alten Sandgrube ist ein leerer Fuchsbau. Den soll er sich anschauen." Mehr will Paulino gar nicht wissen. „Danke!", ruft er und springt davon.

Schon kurze Zeit später zieht Otto in den Fuchsbau ein, rollt sich zusammen und schläft.

Als er am nächsten Morgen aus dem Bau kriecht, glaubt er zu träumen. Vor seiner Höhle tummeln sich alle Freunde von Paulino und schleppen Geschenke für ihn heran: Die Wildschweine rollen Eicheln herbei, die Eichhörnchen bringen Nüsse, zwei Biber tragen junge Zweige im Maul, die Hasen ziehen Büschel von Möhren hinter sich her, und die Vögel tragen Beerendolden in ihren Schnäbeln.

„Wir haben alle für dich gesammelt!" sagt Paulino voller Stolz. „Allein schaffst du es sonst nie, dir einen Vorrat für den Winter anzulegen!" Otto weiß gar nicht, was er sagen soll. „Danke!", stammelt er. Dann kullern zwei dicke Tränen aus seinen Augen. „Ich glaube, ich hab echte Freunde gefunden!", murmelt er gerührt. Plötzlich findet er es nicht mehr ganz so schlimm, dass er vertrieben worden ist!

Besuch aus dem Zirkus

Der Hahn Hanno ist aufs Scheunendach geflogen. „Kikeriki!", kräht er wie jeden Morgen. Aber als er zum zweiten Mal krähen will, bleibt er mittendrin stecken. „Kik …", macht er nur, denn er hat etwas höchst Erstaunliches entdeckt. „Dort drüben ist ein rundes, buntes Haus, das war gestern noch nicht da", schreit er aufgeregt, „und davor steht ein Dinosaurier, und auf dem hüpft so ein komischer Zappelphilipp herum!"

„Hihihi", kichern die Schwalben, „das ist ein Zirkuszelt, und dein Dino ist der kleine Elefant Dicki, der mit dem Schimpansen Flips für die Vorstellung übt."

„Woher wisst ihr das?", wundert sich das Kätzchen Minni. „Ja, wir sind eben schon in der ganzen Welt herumgekommen", zwitschern die Schwalben.

„Den Telefanten möchte ich gern kennen lernen", quiekt das Schweinchen Rosi, „ich will auch mal auf dem Beletanten herumhüpfen."

„Kein Problem, wir holen ihn", kichern die Schwalben und fliegen davon. Tatsächlich kommt nach einer kleinen Weile der Elefant mit dem Äffchen angetrabt. „Hallo, Freunde", ruft er, „danke für die Einladung!" Flips klatscht in die Hände. „Wollt ihr ein Kunststück sehen?", fragt er. „Ja, natürlich!", rufen die Tiere begeistert.

Dicki stellt sich auf die Hinterbeine und hebt das Äffchen mit seinem Rüssel in die Höhe. „Bravo!", bellt Fritz, der Spitz. „Und jetzt kommt Rosi dran!" Ja, aber wo ist denn Rosi? Oje, sie hat sich vor lauter Angst im Heuhaufen versteckt!

„Meine Damen und Herren", kreischt der Schimpanse, „wer möchte nun in die Lüfte schweben? Vielleicht Frau Gans und ihre Kinder?" Die Gänse watscheln unter dem Pflaumenbaum hervor, und Gabi Gans zischt hochmütig: „Wir können selber fliegen!" – „Das will ich sehen!", schreit Flips und ist mit einem Satz im Pflaumenbaum.

Er rüttelt an den Ästen. Die reifen Pflaumen regnen auf die Gänse, und die stieben schnatternd auseinander.

„Komm sofort her, du ungezogener Lauseaffe", schimpft der Elefant, „wir müssen in den Zirkus zurück!" – „Schade", miaut Minni, und Spitz bellt: „Wir kommen alle in die Vorstellung!"

Da hört man ein Stimmchen aus dem Heuhaufen quieken: „Und dann reite ich bestimmt auf dem Telepanten." Glaubst du das? Ich nicht.

Ein neuer Spielkamerad

Die beiden Kätzchen Mitzi und Mautzi spielen in Ninas Kinderzimmer. „Schau her, was ich gefunden habe!", ruft Mitzi plötzlich. „Eine dicke Maus mit vielen Schwänzen. Und sie läuft auch nicht davon." – „Vielleicht ist sie krank", ruft Mautzi, reißt sie an sich und dreht sie hin und her. „Das ist doch keine kranke Maus", ruft der Kasper, „sondern eine Qualle aus Wollresten. Nina selbst hat ihr die vielen Zöpfe geflochten." Da guckt Mutter Katze ins Zimmer. „Kinder, die Sonne scheint, geht doch hinaus spielen."

Mitzi und Mautzi laufen auf den Rasen vor dem Schuppen. Das neue Spielzeug haben sie mitgenommen und schubsen es nun hin und her. Das macht Spaß, und die beiden miauen vor Vergnügen.

„Was ist denn da los?", wundert sich der schwarze Kater Blacky und springt vom Gartenzaun herunter. „Ui, das ist ja ein prima Spielkamerad", sagt er, „darf ich mitspielen?" Und ehe die Kätzchen etwas sagen können, erwischt Blacky die Qualle, wirbelt sie herum und schleudert sie in hohem Bogen davon. „So eine Gemeinheit!", schreit Mitzi. „Das ist Ninas Qualle, hol sie sofort wieder her!"

Ja, aber wo ist sie hingeflogen? Auf dem Rasen ist sie nicht, und im Fliederbusch hängt sie auch nicht.

„Vielleicht im Schuppen", meint Blacky betreten. Die Kätzchen sind wütend, aber sie helfen mit suchen. „Da!", ruft Mitzi auf einmal. Hinter der alten Spielkiste schaut ein Schwänzchen hervor. Sie will es anfassen, aber … es ist weg! Und schon kichert es vom Regal herunter, und zwischen den Farbtöpfen spitzen zwei Feldmäuse hervor. „Ätsch, ätsch!", piepsen sie. „Uns hast du bestimmt nicht gesucht!"

„Das ist nicht zu fassen", heult der Kater auf, „habt ihr wenigstens gesehen, wohin das Ding geflogen ist?"

„Es ist … hihi …", kichern die Feldmäuse, „ist … hihi … im grünen Farbtopf." – „Im grünen Farbtopf?", miaut Mitzi entsetzt.

Der Kater springt aufs Regal und fischt aus dem Topf eine tropfende grasgrüne Qualle heraus. „Und was machen wir jetzt?", fragt Mautzi kleinlaut. „Moment", sagt Blacky, hängt die grüne Qualle in die Regentonne
und wäscht sie gründlich. „In der Sonne trocknet sie bis zum Abend", sagt
er. Ja, jetzt ist die Farbe wieder ab, nur ein Schwänzchen ist grasgrün geblieben. Na, was wird denn dazu die kleine Nina sagen?

In Fridolins Garten

Der Hase Fridolin arbeitet fast das ganze Jahr über von morgens bis abends in seinem Garten. Dort gibt es immer viel zu tun, und es wird ihm nie langweilig.

Im Frühjahr hat Fridolin die meiste Arbeit. Er gräbt die Beete um und sät die Samen aus. Dann pflanzt er Tomaten und Kohl. Was wohl im größten Beet wachsen soll? Möhren, natürlich! „He, ihr Vögel, pickt mir nicht den Samen raus!" Dann gräbt er weiter Loch für Loch, um die Zwiebeln einzusetzen. Der Maulwurf sieht ihm aufmerksam zu. „Prima! Fridolin pflanzt so viel Gemüse ein, da bleibt mir auch etwas für den Winter."

Bald erntet Fridolin die ersten Johannisbeeren. „Puh, Erdbeeren sammeln ist leichter. Die wachsen dicht über dem Boden!", sagt er, als er auf der Leiter steht. Die Vögel pflücken auch eifrig Beeren, um damit ihre Jungen zu füttern.

Wenn es richtig heiß ist, gießt Fridolin jeden Abend das Gemüse: die Möhren, die Rüben und den Kohl. Daraus macht er sich einen leckeren Salat.
„Mmh, wie der schmeckt!"
Im Sommer sind endlich die Tomaten reif! Fridolin steigt auf eine Holzkiste und macht sich ganz lang. So kann er auch die Früchte ganz oben erreichen.
„Soll ich dir helfen?", zwitschert ein Vögelchen.

Bald darauf fallen die ersten Blätter, und die Kürbisse sind reif. „Das sind ja Riesenkürbisse geworden!", freut sich Fridolin. Er muss sich mächtig anstrengen, um einen in die Schubkarre zu heben. „Daraus gibt´s leckeres Kompott", erklärt er dem Igel.

Für die Apfelernte hat sich Fridolin eine Pflückzange gebaut. Mit ihr erreicht er auch die Äpfel an den obersten Zweigen. Er lagert sie in Holzkisten. „Lass uns auch ein paar übrig!", piepsen die Mäuse.

Dann steht der Winter vor der Tür. Fridolin bereitet den Garten auf die kalte Jahreszeit vor. Er harkt das Laub zusammen, deckt den Schuppen neu und putzt die Gartengeräte blitzblank, damit sie nicht rosten.

Als es richtig kalt geworden ist, beginnt Fridolins Arbeit in der Küche. Er wäscht, schneidet und schält das Obst und das Gemüse. Aus Äpfeln

und Beeren presst er Saft. Mit den Weintrauben hat er etwas Besonderes vor: Daraus macht er süßen Most. Das übrige Obst und Gemüse kocht Fridolin ein. „Das reicht für mich und meine Freunde", sagt sich Fridolin. „Gleich morgen werde ich einige einladen."

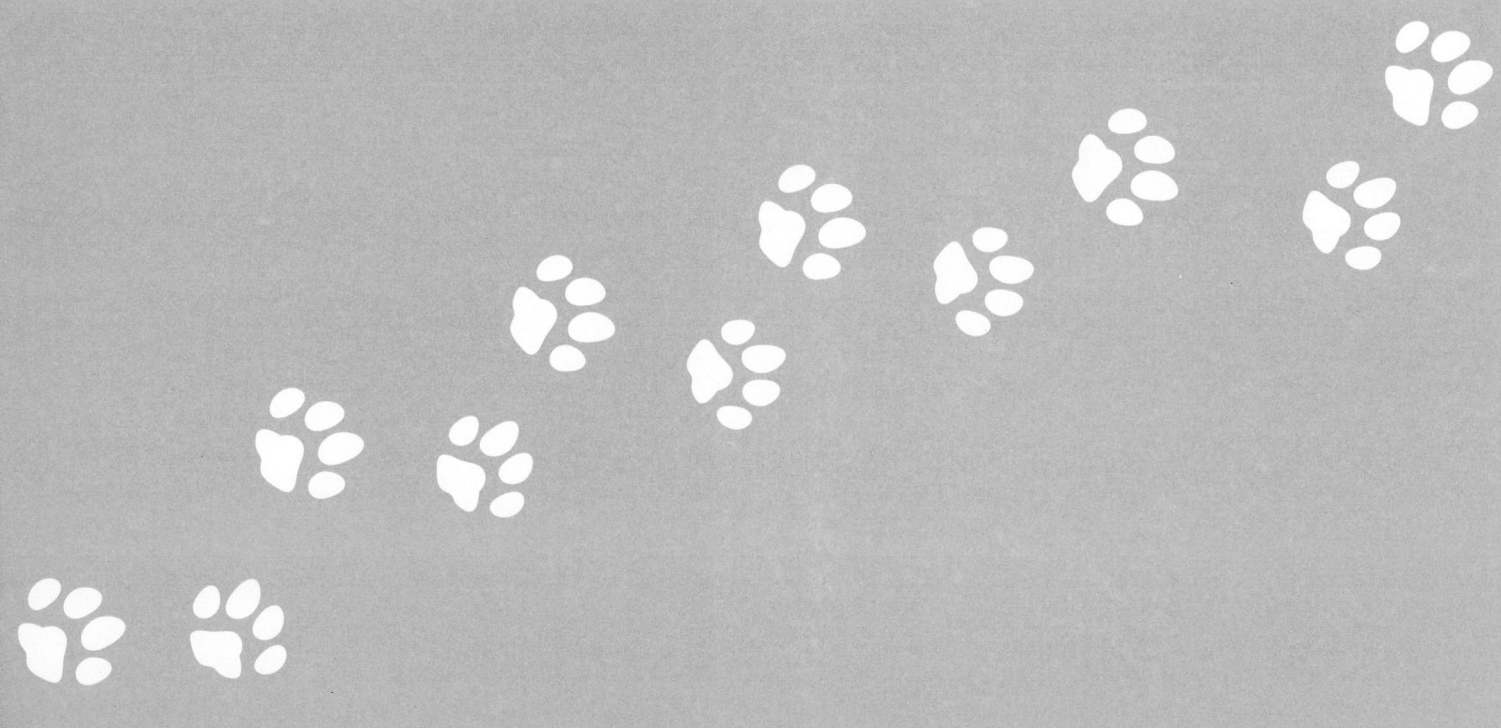